국민연금공단

필기시험 모의고사

[6급갑 사무직]

제 1 회	영 역	직업기초능력평가, 종합직무지식평가
	문항수	60문항, 50문항
	시 간	60분, 50분
	비 고	객관식 4지선다형, 객관식 5지선다형

(주)서원각

제1회 기출동형 모의고사

✏️ **직업기초능력평가(60문항/60분)**

1. 다음에 제시된 문장 ㈎~㈫의 빈칸 어디에도 사용될 수 없는 단어는 어느 것인가?

㈎ 우리나라의 사회보장 체계는 사회적 위험을 보험의 방식으로 ( )함으로써 국민의 건강과 소득을 보장하는 사회보험이다.

㈏ 노인장기요양보험은 고령이나 노인성질병 등으로 인하여 6개월 이상 동안 혼자서 일상생활을 ( )하기 어려운 노인 등에게 신체활동 또는 가사지원 등의 장기요양급여를 사회적 연대원리에 의해 제공하는 사회보험 제도이다.

㈐ 사회보험 통합징수란 2011년 1월부터 국민건강보험공단, 국민연금공단, 근로복지공단에서 각각 ( )하였던 건강보험, 국민연금, 고용보험, 산재보험의 업무 중 유사·중복성이 높은 보험료 징수업무(고지, 수납, 체납)를 국민건강보험공단이 통합하여 운영하는 제도이다.

㈑ 보장구 제조·판매업자가 장애인으로부터 서류일체를 위임받아 청구를 ( )하였을 경우 지급이 가능한가요?

㈒ 우리나라 장기요양제도의 발전방안을 모색하고 급속한 고령화에 능동적으로 ( )할 수 있는 능력을 배양하며, 장기요양분야 전문가들로 구성된 인적네트워크 형성 지원을 목적으로 한 사례발표와 토론형식의 참여형 역량강화 프로그램이다.

㈓ 고령 사회에 ( )해 제도가 맞닥뜨린 문제점을 정확히 인식하고 개선방안을 모색하는 것이 고령사회 심화 속 제도의 지속가능성을 위해 필요하다는 점이 반영된 것으로 보인다.

① 완수　　　　　② 대비
③ 대행　　　　　④ 수행

2. 다음은 정보공개 청구권자에 대한 자료이다. 이 자료에서 잘못 쓰여진 글자는 모두 몇 개인가?

정보공개 청구권자

○ 모든 국민
 • 미성년자, 재외국민, 수형인 등 포함
 • 미성년자에 의한 공개청구에 대하여 법률상 별도의 규정이 없으나, 일반적으로 미성년자는 사법상의 무능력자로서 단독으로는 완전한 법률행위가 불가능하다. 그러나 무능력자의 범위는 대체로 재산보호를 위해 설정된 것이며, 정보공개와 같은 성질의 행위는 다음과 같은 경우에는 가능하다고 본다.
  −중학생 이하 : 비용부담능력이 없기 때문에 단독으로 청구하는 것은 인정하지 않으며, 친권자 등 법정대시인에 의한 청구가 가능
  −고등학생 이상 : 공개제도의 취지, 내용 등에 대하여 충분히 이해가 가능하고 비용부담능력이 있다고 판단되므로 단독청구 가능
○ 법인
 • 사법상의 사단법인·재란법인, 공법상의 법인(자치단체 포함), 정부투기기관, 정부출연기관 등
 • 법인격 없는 단체나 기관 포함
○ 외국인
 • 국내에 일정한 주소를 두고 거주하는 자
 • 학술·연구를 위하여 일시적으로 체유하는 자
 • 국내에 사무소를 두고 있는 법인 또는 단체
※ 제외대상 : 외국거주자(개인, 법인), 국내 불법체류 외국인 등

① 1개　　　　　② 2개
③ 3개　　　　　④ 4개

3. 다음은 S공사의 기간제 근로자 채용 공고문이다. 이에 대한 설명으로 바르지 않은 것은?

- ▢ 접수기간 : 20xx. 2. 17.(금) ~ 20xx. 2. 21.(화) (09:00~18:00)
- ▢ 접수방법 : 이메일(abcde@fg.or.kr)
- ▢ 제출서류
  - 이력서 및 자기소개서 1부(반드시 첨부 양식에 맞춰 작성 요망)
  - 자격증 사본 1부(해당자에 한함)
- ▢ 서류전형발표 : 20xx. 2. 22.(수) 2시 이후(합격자에게만 개별 유선통보)
- ▢ 면접전형 : 20xx. 2. 23.(목) 오후
  - 면접장소 : 경기도 성남시 분당구 성남대로 54번길 3 경기지역본부 2층
- ▢ 최종합격자 발표 : 20xx. 2. 24.(금) 오전(합격자에게만 개별 유선통보)
  - ※ 위 채용일정은 채용사정에 따라 변동 가능
- ▢ 근로조건
  - 구분 : 주거복지 보조
  - 근무지 : S공사 경기지역본부
  - 근무조건 : 1일 8시간(09~18시) 주 5일 근무
  - 임금 : 월 170만 원 수준(수당 포함)
  - 계약기간 : 6개월(최대 2년 미만)
  - 4대 보험 가입
  - ※ 최초 6개월 이후 근무성적평정 결과에 따라 추가 계약 가능
  - ※ 예산 또는 업무량 감소로 인원 감축이 필요하거나 해당 업무가 종료되었을 경우에는 그 시기까지를 계약기간으로 함(최소 계약기간은 보장함).

---

① 접수 기간 내 접수가 가능한 시간은 근로자의 근무시간대와 동일하다.

② 제출서류는 양식에 맞춰 이메일로만 제출 가능하며, 모든 지원자가 관련 자격증을 제출해야 하는 것은 아니다.

③ 서류전형 발표일 오후 늦게까지 아무런 연락이 없을 경우, S공사 홈페이지에서 확인을 해야 한다.

④ 모든 최종합격자는 최소 6개월 이상 근무하게 되며, 2년 이상 근무할 수도 있다.

┃4~5┃ 다음 글을 읽고 물음에 답하시오.

최근 국제 시장에서 원유(原油) 가격이 가파르게 오르면서 세계 경제를 크게 위협하고 있다. 기름 한 방울 나지 않는 나라에 살고 있는 우리로서는 매우 어려운 상황이 아닐 수 없다. 에너지 자원을 적극적으로 개발하고, 다른 한편으로는 에너지 절약을 생활화해서 이 어려움을 슬기롭게 극복해야만 한다.

다행히 우리는 1970년대 초부터 원자력 발전소 건설을 적극적으로 추진해 왔다. 그 결과 현재 원자력 발전소에서 생산하는 전력이 전체 전력 생산량의 약 40퍼센트를 차지하고 있다. 원자력을 주요 에너지 자원으로 활용함으로써 우리는 석유, 석탄, 가스와 같은 천연 자원에 대한 의존도를 어느 정도 낮출 수 있게 되었다.

그러나 그 정도로는 턱없이 부족하다. 전체 에너지 자원의 97퍼센트를 수입하는 우리는 절약을 생활화하지 않으면 안 된다. 많은 국민들은 아직도 '설마 전기가 어떻게 되랴.'하는 막연한 생각을 하면서 살고 있다. 한여름에도 찬 기운을 느낄 정도로 에어컨을 켜 놓은 곳도 많다. 이것은 지나친 에너지 낭비이다. 여름철 냉방(冷房) 온도를 1도만 높이면 약 2조 5천억 원의 건설비가 들어가는 원자로 1기를 덜 지어도 된다. ㉠'절약이 곧 생산'인 것이다.

에너지를 절약하는 방법에는 여러 가지가 있다. 가까운 거리는 걸어서 다니기, 승용차 대신 대중교통이나 자전거 이용하기, 에너지 절약형 가전제품 쓰기, 승용차 요일제 참여하기, 적정 냉·난방 온도 지키기, 사용하지 않는 가전제품의 플러그 뽑기 등이 모두 에너지를 절약하는 방법이다.

또, 에너지 절약 운동은 일회성으로 그쳐서는 안 된다. 그것은 반복적이고 지속적으로 실천해야만 할 과제이다. 국가적 어려움을 극복하기 위해서는 얼마간의 개인적 불편을 기꺼이 받아들이겠다는 마음가짐이 필요하다.

㉡에너지 절약은 더 이상 선택 사항이 아니다. 그것은 생존과 직결되므로 반드시 실천해야 할 사항이다. 고유가(高油價) 시대를 극복하기 위해서는 우리 모두 허리띠를 졸라매는 것 외에는 다른 방법이 없다. 당장 에어컨보다 선풍기를 사용해서 전기 절약을 생활화해 보자. 온 국민이 지혜를 모으고 에너지 절약에 적극적으로 동참한다면 우리는 이 어려움을 슬기롭게 극복할 수 있을 것이다.

---

4. ㉠에 담긴 의미로 적절한 것은?

① 절약을 하게 되면 생산이 감소한다.

② 절약으로 전력 생산량을 증가시킨다.

③ 절약은 절약일 뿐 생산과는 관련이 없다.

④ 절약하면 불필요한 생산을 하지 않아도 된다.

5. ㉡에 대한 반응으로 가장 적절한 것은?

① 새로운 에너지 개발은 불가능하다.

② 에너지 절약 제품이 더 비싸질 것이다.

③ 에너지가 풍부할 때 실컷 사용해야 한다.

④ 에너지 절약은 생존의 문제이므로 꼭 실천해야 한다.

6. 표는 A씨의 금융 상품별 투자 보유 비중 변화를 나타낸 것이다. (가)에서 (나)로 변경된 내용으로 옳은 설명을 고르면?

금융 상품		(가)	(나)
		보유 비중(%)	
주식	○○(주)	30	20
	△△(주)	20	0
저축	보통예금	10	20
	정기적금	20	20
채권	국·공채	20	40

㉠ 직접금융 종류에 해당하는 상품 투자 보유 비중이 낮아졌다.

㉡ 수익성보다 안정성이 높은 상품 투자 보유 비중이 높아졌다.

㉢ 배당 수익을 받을 수 있는 자본 증권 투자 보유 비중이 높아졌다.

㉣ 일정 기간 동안 일정 금액을 예치하는 예금 보유 비중이 낮아졌다.

① ㉠㉡   ② ㉠㉢

③ ㉡㉢   ④ ㉡㉣

7. 다음은 재해복구사업에 관한 내용이다. 이를 이해한 내용으로 옳지 않은 것은?

1. 목적 : 풍수해로 인한 수리시설 및 방조제를 신속히 복구하여 안전영농 실현
2. 근거법령 : 자연재해대책법 제46조(재해복구계획의 수립·시행)
3. 사업시행자
   • 복구계획 : 시장·군수 책임 하에 시행
     - 시·군관리 수리시설 : 시장·군수
     - 공사(公社)관리 수리시설 : 공사 사장
   • 하천, 도로, 수리시설, 농경지 복구를 2개 사업 이상 동시에 하여야 할 경우는 시장·군수가 주된 실시자를 지정하여 통합실시 가능
4. 재원 : 국고(70%), 지방비(30%)
   • 국고(70%) : 재해대책예비비(기획재정부) - 피해 발생시 소관 부처로 긴급배정
   • 지방비(30%) : 지자체(시·도 및 시·군)별로 재해대책기금 자체 조성
5. 사업(지원) 대상 : 1개소의 피해액이 3천만 원 이상이고, 복구액이 5천만 원 이상인 경우 지원
6. 추진방향
   • 국자재원 부담능력을 고려, 기능복원 원칙을 유지
     - 기능복원사업 : 본래 기능을 유지할 수 있도록 현지여건에 맞추어 복원
     - 개선복구사업 : 피해 발생 원인을 근원적으로 해소하거나 피해 시설의 기능을 개선
   • 모든 사업은 가능한 당해 연도에 마무리 되도록 하고, 규모가 큰 시설은 다음 영농기 이전까지 복구 완료
   • 홍수량 배제능력이 부족한 저수지 등의 주요시설 복구는 개선복구를 원칙
   • 유실·매몰 피해 농경지가 대규모인 곳은 가능한 경지정리사업과 병행하여 복구하고, 도로 및 하천과 농경지가 같은 피해를 입은 지역은 동시 시행계획을 수립하여 종합 개발 방식으로 복구(소관청별 사업비는 구분)
   • 행정절차는 간소화하고 복구공사를 선 착공

① 피해액이 3천만 원이고, 복구액이 4천만 원인 경우는 지원대상이 아니다.

② 하천과 농경지 복구의 2개 사업을 동시에 해야 되는 경우에는 통합실시가 가능하다.

③ 재원이 국고인 경우에는 기획재정부가 예산을 배정한다.

④ 국가재원 부담능력을 고려하여 예외 없이 모든 재해복구는 기능복원을 원칙으로 한다.

도서출판 서원각에 근무하는 K씨는 고객으로부터 9급 건축직 공무원 추천도서를 요청받았다. K씨는 도서를 추천하기 위해 다음과 같은 9급 건축직 발행도서의 종류와 특성을 참고하였다.

K씨 : 감사합니다. 도서출판 서원각입니다.
고객 : 9급 공무원 건축직 관련 도서 추천을 좀 받고 싶습니다.
K씨 : 네, 어떤 종류의 도서를 원하십니까?
고객 : 저는 기본적으로 이론은 대학에서 전공을 했습니다. 그래서 많은 예상문제를 풀 수 있는 것이 좋습니다.
K씨 : 아. 문제가 많은 것이라면 딱 잘라서 말씀드리기가 어렵습니다.
고객 : 알아요. 그래도 적당히 가격도 그리 높지 않고 예상문제가 많이 들어 있는 것이면 됩니다.
K씨 : 네. 알겠습니다. 많은 예상문제풀이가 가능한 것 외에는 다른 필요한 사항은 없으십니까?
고객 : 가급적이면 20,000원 이하가 좋을 듯 합니다.

도서명	예상문제 문항 수	기출 문제 수	이론 유무	가격	재고
실력평가 모의고사	400	120	무	18,000	100
전공문제집	500	160	유	25,000	200
문제완성	600	40	무	20,000	300
합격선언	300	200	유	24,000	100

8. 다음 중 K씨가 고객의 요구에 맞는 도서를 추천해 주기 위해 가장 우선적으로 고려해야 하는 특성은 무엇인가?

① 기출문제 수
② 이론 유무
③ 가격
④ 예상문제 문항 수

9. 고객의 요구를 종합적으로 반영하였을 때 많은 문제와 가격을 맞춘 가장 적당한 도서는?

① 실력평가모의고사
② 전공문제집
③ 문제완성
④ 합격선언

10. 다음은 고령화 시대의 노인 복지 문제라는 제목으로 글을 쓰기 위해 수집한 자료이다. 자료를 모두 종합하여 설정할 수 있는 논지 전개 방향으로 가장 적절한 것은?

㉠ 노령화 지수 추이(통계청)

연도	1990	2000	2010	2020	2030
노령화 지수	20.0	34.3	62.0	109.0	186.6

※ 노령화 지수 : 유년인구 100명당 노령인구

㉡ 경제 활동 인구 한 명당 노인 부양 부담이 크게 증가할 것으로 예상된다. 노인 인구에 대한 의료비 증가로 건강 보험 재정도 위기 상황에 처할 수 있을 것으로 보인다. 향후 노인 요양 시설 및 재가(在家) 서비스를 위해 부담해야 할 투자비용도 막대하다.
- 00월 00일 ○○뉴스 중

㉢ 연금 보험이나 의료 보험 같은 혜택도 중요하지만 우리 같은 노인이 경제적으로 독립할 수 있도록 일자리를 만들어 주는 것이 더 중요한 것 같습니다.
- 정년 퇴직자의 인터뷰 중 -

① 노인 인구의 증가 속도에 맞춰 노인 복지 예산 마련이 시급한 상황이다. 노인 복지 예산을 마련하기 위한 구체적 방안은 무엇인가?

② 노인 인구의 급격한 증가로 여러 가지 사회 문제가 나타날 것으로 예상된다. 이러한 상황의 심각성을 사람들에게 어떻게 인식시킬 것인가?

③ 노인 인구의 증가가 예상되면서 노인 복지 대책 또한 절실히 요구되고 있다. 이러한 상황에서 노인 복지 정책의 바람직한 방향은 무엇인가?

④ 노인 인구가 증가하면서 노인 복지 정책에 대한 노인들의 불만도 높아지고 있다. 이러한 불만을 해소하기 위해서 정부는 어떠한 노력을 해야 하는가?

11. 다음 (가)~(마)의 5가지 문제 유형 중 같은 유형으로 분류할 수 있는 세 가지를 제외한 나머지 두 가지는 어느 것인가?

(가) 정 대리는 소홀한 준비로 인해 중요한 계약 기회를 놓치게 되었다.

(나) A사는 숙련공의 퇴사율이 높아 제품의 불량률이 눈에 띄게 높아졌다.

(다) 지난 주 태풍으로 인해 B사의 창고 시설 대부분이 심각하게 파손되었다.

(라) 영업팀 직원들에게 올해에 주어진 매출 목표를 반드시 달성해야 하는 임무가 주어졌다.

(마) 오늘 아침 출근 버스에 사고가 나서 많은 직원들이 점심시간이 다 되어 출근하였다.

① (나), (라)

② (다), (마)

③ (가), (다)

④ (라), (마)

12. 업무상 발생하는 문제를 해결하기 위한 5단계 절차를 다음과 같이 도식화하여 나타낼 수 있다. 빈칸 (가)~(다)에 들어갈 말이 순서대로 올바르게 나열된 것은?

① 원인 분석, 문제 인식, 문제 도출

② 문제 인식, 원인 분석, 문제 도출

③ 문제 도출, 문제 인식, 원인 분석

④ 문제 인식, 문제 도출, 원인 분석

13. ○○은행에서 창구업무를 보던 도중 한 고객이 입금하려던 예금액 500만 원이 분실되었다. 경찰은 3명의 용의자 A, B, C를 검거하였다. 그러나 세 명의 용의자는 하나같이 자신이 범인이 아니라고 했지만 셋 중 하나가 범인임에 틀림없다. 세 사람이 각각 진술한 3개의 진술 중 하나의 진술은 참이고, 나머지는 거짓이다. 다음 중 범인과 참인 진술로 바르게 짝지어진 것은?

A의 진술
㉠ B가 범인이다.
㉡ 우리 집에는 사과가 많이 있다.
㉢ 나는 C를 몇 번 만난 적이 있다.

B의 진술
㉠ 내가 범인이다.
㉡ A의 두 번째 말은 거짓이다.
㉢ A와 C는 한 번도 만난 적이 없다.

C의 진술
㉠ A가 범인이다.
㉡ B의 두 번째 말은 진실이다.
㉢ 나는 A를 한 번도 만난 적이 없다.

① 범인은 C, 참인 진술은 A의 ㉢ – B의 ㉡

② 범인은 A, 참인 진술은 A의 ㉡ – C의 ㉠

③ 범인은 C, 참인 진술은 C의 ㉡ – B의 ㉢

④ 범인은 B, 참인 진술은 A의 ㉢ – C의 ㉢

14. 다음 중 A, B, C, D 네 명이 파티에 참석하였다. 그들의 직업은 각각 교사, 변호사, 의사, 경찰 중 하나이다. 다음 내용을 읽고 〈보기〉의 내용이 참, 거짓 또는 알 수 없음을 판단하면?

① A는 교사와 만났지만, D와는 만나지 않았다.
② B는 의사와 경찰을 만났다.
③ C는 의사를 만나지 않았다.
④ D는 경찰과 만났다.

〈보기〉
㉠ C는 변호사이다.
㉡ 의사와 경찰은 파티장에서 만났다.

① ㉠과 ㉡ 모두 참이다.

② ㉠과 ㉡ 모두 거짓이다.

③ ㉠만 참이다.

④ ㉡만 참이다.

15. 다음 조건을 읽고 옳은 설명을 고르시오.

> • 수학을 못하는 사람은 영어도 못한다.
> • 국어를 못하는 사람은 미술도 못한다.
> • 영어를 잘하는 사람은 미술도 잘한다.

> A : 수학을 잘하는 사람은 영어를 잘한다.
> B : 영어를 잘하는 사람은 국어를 잘한다.

① A만 옳다.
② B만 옳다.
③ A와 B 모두 옳다.
④ A와 B 모두 그르다.

16. 다음 조건을 바탕으로 을순이의 사무실과 어제 갔던 식당이 위치한 곳을 올바르게 짝지은 것은?

> • 갑동, 을순, 병호는 각각 10동, 11동, 12동 중 한 곳에 사무실이 있으며 서로 같은 동에 사무실이 있지 않다.
> • 이들 세 명은 어제 각각 자신의 사무실이 있는 건물이 아닌 다른 동에 있는 식당에 갔었으며, 서로 같은 동의 식당에 가지 않았다.
> • 병호는 12동에서 근무하며, 갑동이와 을순이는 어제 11동 식당에 가지 않았다.
> • 을순이는 병호가 어제 갔던 식당이 있는 동에서 근무한다.

	사무실	식당
①	11동	10동
②	10동	11동
③	12동	12동
④	11동	12동

17. 다음 〈상황〉과 〈조건〉을 근거로 판단할 때 옳은 것은?

> 〈상황〉
>
> A대학교 보건소에서는 4월 1일(월)부터 한 달 동안 재학생을 대상으로 금연교육 4회, 금주교육 3회, 성교육 2회를 실시하려는 계획을 가지고 있다.

> 〈조건〉
>
> • 금연교육은 정해진 같은 요일에만 주 1회 실시하고, 화, 수, 목요일 중에 해야 한다.
> • 금주교육은 월요일과 금요일을 제외한 다른 요일에 시행하며, 주 2회 이상은 실시하지 않는다.
> • 성교육은 4월 10일 이전, 같은 주에 이틀 연속으로 실시한다.
> • 4월 22일부터 26일까지 중간고사 기간이고, 이 기간에 보건소는 어떠한 교육도 실시할 수 없다.
> • 보건소의 교육은 하루에 하나만 실시할 수 있고, 토요일과 일요일에는 교육을 실시할 수 없다.
> • 보건소는 계획한 모든 교육을 반드시 4월에 완료하여야 한다.

① 금연교육이 가능한 요일은 화요일과 수요일이다.
② 4월 30일에도 교육이 있다.
③ 금주교육은 4월 마지막 주에도 실시된다.
④ 성교육이 가능한 일정 조합은 두 가지 이상이다.

18. 다음 진술이 참이 되기 위해 꼭 필요한 전제를 〈보기〉에서 고르면?

> 반장은 반에서 인기가 많다.

> 〈보기〉
>
> ㉠ 머리가 좋은 친구 중 몇 명은 반에서 인기가 많다.
> ㉡ 얼굴이 예쁜 친구 중 몇 명은 반에서 인기가 많다.
> ㉢ 반장은 머리가 좋다.
> ㉣ 반장은 얼굴이 예쁘다.
> ㉤ 머리가 좋거나 얼굴이 예쁘면 반에서 인기가 많다.
> ㉥ 머리가 좋고 얼굴이 예쁘면 반에서 인기가 많다.

① ㉠㉢
② ㉡㉣
③ ㉢㉥
④ ㉣㉤

19. 다음 조건을 바탕으로 김 대리가 월차를 쓰기에 가장 적절한 날은 언제인가?

> ㉠ 김 대리는 반드시 이번 주에 월차를 쓸 것이다.
> ㉡ 김 대리는 실장님 또는 팀장님과 같은 날, 또는 공휴일에 월차를 쓸 수 없다.
> ㉢ 팀장님이 월요일에 월차를 쓴다고 하였다.
> ㉣ 실장님이 김 대리에게 우선권을 주어 월차를 쓸 수 있는 요일이 수, 목, 금이 되었다.
> ㉤ 김 대리는 5일에 붙여서 월차를 쓰기로 하였다.
> ㉥ 이번 주 5일은 공휴일이며, 주중에 있다.

① 월요일
② 화요일
③ 수요일
④ 목요일

20. $A \sim G$ 7명이 저녁식사를 하고, 서울역에서 모두 지하철 1호선 또는 4호선을 타고 귀가하였다. 그런데 이들이 귀가하는데 다음과 같은 조건을 따랐다고 할 때, A가 1호선을 이용하지 않았다면, 다음 중 가능하지 않은 것은?

> ㉠ 1호선을 이용한 사람은 많아야 3명이다.
> ㉡ A는 D와 같은 호선을 이용하지 않았다.
> ㉢ F는 G와 같은 호선을 이용하지 않았다.
> ㉣ B는 D와 같은 호선을 이용하였다.

① B는 지하철 1호선을 탔다.
② C는 지하철 4호선을 탔다.
③ E는 지하철 1호선을 탔다.
④ F는 지하철 1호선을 탔다.

21. 일정한 규칙을 찾아 빈칸에 들어갈 알맞은 숫자를 고르시오.

> 7 14 15 19 ( )

① 17
② 20
③ 23
④ 27

22. 회사에서 최근 실시한 1차 폐휴대폰 수거 캠페인에 참여한 1~3년차 직원 중 23%가 1년 차 직원이었다. 2차 캠페인에서는 1차 캠페인에 참여한 직원들이 모두 참여하고 1년차 직원 20명이 새롭게 더 참여하여 1년차 직원들의 비중이 전체 인원의 30%가 되었다. 1차 캠페인에 참여한 1~3년 차 직원 수를 구하면?

① 180명
② 200명
③ 220명
④ 240명

23. 35명 이상 50명 미만인 직원들이 지방에 연수를 떠났다. 참가비는 1인당 50만 원이고, 단체 입장 시 35명 이상은 1할 2푼을 할인해 주고, 50명 이상은 2할을 할인해 준다고 한다. 몇 명 이상일 때, 50명의 단체로 입장하는 것이 유리한가?

① 37명
② 45명
③ 46명
④ 47명

24. 다음은 국민연금 보험료를 산정하기 위한 소득월액 산정 방법에 대한 설명이다. 다음 설명을 참고할 때, 김갑동 씨의 신고 소득월액은 얼마인가?

> 소득월액은 입사(복직) 시점에 따른 근로자간 신고 소득월액 차등이 발생하지 않도록 입사(복직) 당시 약정되어 있는 급여 항목에 대한 1년치 소득총액에 대하여 30일로 환산하여 결정하며, 다음과 같은 계산 방식을 적용한다.
> • 소득월액 = 입사(복직) 당시 지급이 약정된 각 급여 항목에 대한 1년간 소득총액 ÷ 365 × 30

> 〈김갑동 씨의 급여 내역〉
> • 기본급 : 1,000,000원
> • 교통비 : 월 100,000원
> • 고정 시간외 수당 : 월 200,000원
> • 분기별 상여금 : 기본급의 100%(1, 4, 7, 10월 지급)
> • 하계휴가비(매년 7월 지급) : 500,000원

① 1,645,660원
② 1,652,055원
③ 1,668,900원
④ 1,727,050원

25. 다음은 과거 우리나라의 연도별 국제 수지표이다. 이에 대한 설명으로 옳은 것을 〈보기〉에서 고른 것은?

항목 \ 연도	2012년	2013년	2014년
(가)	−35억 달러	−28억 달러	−1억 달러
상품수지	−30억 달러	−20억 달러	7억 달러
서비스수지	−10억 달러	−5억 달러	−12억 달러
(나)	10억 달러	−13억 달러	5억 달러
이전소득수지	5억 달러	10억 달러	−1억 달러
자본 · 금융계정	17억 달러	15억 달러	15억 달러
자본수지	5억 달러	7억 달러	−3억 달러
금융계정	12억 달러	8억 달러	18억 달러

※ 소득수지는 본원소득수지로, 경상이전수지는 이전소득수지로, 자본수지는 자본금융계정으로, 기타자본수지는 자본수지로, 투자수지는 금융계정으로 변경하여 현재 사용하고 있음.

〈보기〉
㉠ (가)의 적자가 지속되면 국내 통화량이 증가하여 인플레이션이 발생할 수 있다.
㉡ 국내 기업이 보유하고 있는 외국인의 배당금을 해외로 송금하면 (나)에 영향을 미친다.
㉢ 국내 기업이 외국에 주식을 투자할 경우 영향을 미치는 수지는 흑자가 지속되고 있다.
㉣ 외국 기업이 보유한 특허권 이용료 지불이 영향을 미치는 수지는 흑자가 지속되고 있다.

① ㉠㉡
② ㉠㉢
③ ㉡㉢
④ ㉢㉣

26. 다음은 위험물안전관리자 실무교육현황에 관한 표이다. 표를 보고 이수율을 구하면? (단, 소수 첫째 자리에서 반올림하시오)

실무교육현황별(1)	실무교육현황별(2)	2008
계획인원(명)	소계	5,897.0
이수인원(명)	소계	2,159.0
이수율(%)	소계	x
교육일수(일)	소계	35.02
교육회차(회)	소계	344.0
야간/휴일	교육회차(회)	4.0
교육실시현황	이수인원(명)	35.0

① 36.7
② 41.9
③ 52.7
④ 66.5

|27~28| 다음은 커피 수입 현황에 대한 표이다. 물음에 답하시오.

(단위 : 톤, 천 달러)

구분 \ 연도		2008	2009	2010	2011	2012
생두	중량	97.8	96.9	107.2	116.4	100.2
	금액	252.1	234.0	316.1	528.1	365.4
원두	중량	3.1	3.5	4.5	5.4	5.4
	금액	37.1	42.2	55.5	90.5	109.8
커피 조제품	중량	6.3	5.0	5.5	8.5	8.9
	금액	42.1	34.6	44.4	98.8	122.4

※ 1) 커피는 생두, 원두, 커피조제품으로만 구분됨
2) 수입단가 = 금액 / 중량

27. 다음 중 표에 관한 설명으로 가장 적절한 것은?
① 커피전체에 대한 수입금액은 매해마다 증가하고 있다.
② 2011년 생두의 수입단가는 전년의 2배 이상이다.
③ 원두 수입단가는 매해마다 증가하고 있지는 않다.
④ 2012년 커피조제품 수입단가는 2008년의 2배 이상이다.

28. 다음 중 수입단가가 가장 큰 것은?
① 2010년 원두
② 2011년 생두
③ 2012년 원두
④ 2011년 커피조제품

〈연도별 대기오염물질 배출량 현황〉

(단위 : 톤)

구분	황산화물	일산화탄소	질소산화물	미세먼지	유기화합물질
2015	401,741	766,269	1,061,210	116,808	866,358
2016	433,959	718,345	1,040,214	131,176	873,108
2017	417,645	703,586	1,075,207	119,980	911,322
2018	404,660	696,682	1,090,614	111,563	913,573
2019	343,161	594,454	1,135,743	97,918	905,803

29. 다음 중 각 대기오염물질의 연도별 증감 추이가 같은 것끼리 짝지어진 것은?

① 일산화탄소, 유기화합물질

② 미세먼지, 유기화합물질

③ 황산화물, 미세먼지

④ 일산화탄소, 질소산화물

30. 다음 중 2015년 대비 2019년의 총 대기오염물질 배출량의 증감률로 올바른 것은?

① 약 4.2%

② 약 2.8%

③ 약 -3.9%

④ 약 -4.2%

SWOT이란, 강점(Strength), 약점(Weakness), 기회(Opportunity), 위협(Threat)의 머리글자를 모아 만든 단어로 경영 전략을 수립하기 위한 도구이다. SWOT분석을 통해 도출된 조직의 외부/내부 환경을 분석 결과를 통해 각각에 대응하는 전략을 도출하게 된다.

SO 전략이란 기회를 활용하면서 강점을 더욱 강화하는 공격적인 전략이고, WO 전략이란 외부환경의 기회를 활용하면서 자신의 약점을 보완하는 전략으로 이를 통해 기업이 처한 국면의 전환을 가능하게 할 수 있다. ST 전략은 외부환경의 위협요소를 회피하면서 강점을 활용하는 전략이며, WT 전략이란 외부환경의 위협요인을 회피하고 자사의 약점을 보완하는 전략으로 방어적 성격을 갖는다.

내부 / 외부	강점(Strength)	약점(Weakness)
기회 (Opportunity)	SO 전략 (강점-기회 전략)	WO 전략 (약점-기회 전략)
위협 (Threat)	ST 전략 (강점-위협 전략)	WT 전략 (약점-위협 전략)

31. 다음은 국내 화장품 산업의 SWOT분석이다. 주어진 전략 중 가장 적절한 것은?

강점 (Strength)	• 참신한 제품 개발 능력과 상위의 생산시설 보유 • 한류 콘텐츠와 연계된 성공적인 마케팅 • 상대적으로 저렴한 가격 경쟁력
약점 (Weakness)	• 아시아 외 시장에서의 존재감 미약 • 대기업 및 일부 브랜드 편중 심화 • 색조 분야 경쟁력이 상대적으로 부족
기회 (Opportunity)	• 중국·동남아 시장 성장 가능성 • 중국 화장품 관세 인하 • 유럽에서의 한방 원료 등을 이용한 'Korean Therapy' 관심 증가
위협 (Threat)	• 글로벌 업체들의 중국 진출(경쟁 심화) • 중국 로컬 업체들의 추격 • 중국 정부의 규제 강화 가능성

내부 / 외부	강점(Strength)	약점(Weakness)
기회 (Opportunity)	① 색조 화장품의 개발로 중국·동남아 시장 진출	② 다양한 한방 화장품 개발로 유럽 시장에 존재감 부각
위협 (Threat)	③ 저렴한 가격과 높은 품질을 강조하여 유럽 시장에 공격적인 마케팅	④ 한류 콘텐츠와 연계한 마케팅으로 중국 로컬 업체들과 경쟁

32. 다음은 국내 SW 산업의 SWOT분석이다. 주어진 전략 중 가장 적절한 것은?

강점 (Strength)	• 다양한 부문의 시스템 구축 경험 및 도메인 지식 확보 • 시장의 신기술 거부감이 상대적으로 낮아 선점 기회 높음
약점 (Weakness)	• SW기업의 글로벌 시장에 대한 경쟁력 및 경험 부족 • SW산업을 3D 업종으로 인식해 신규 우수인재 기피
기회 (Opportunity)	• 정부의 SW산업 성장동력화 추진 의지 • 제조 분야의 고품질화, 지능화 욕구로 성장 잠재력 기회
위협 (Threat)	• 중국 등 후발경쟁국과 급격히 줄어든 기술격차 • 고급 SW인력의 이직 등에 의한 이탈 심화

내부 외부	강점(Strength)	약점(Weakness)
기회 (Opportunity)	① 한발 빠른 신기술 개발로 후발경쟁국과의 기술격차를 넓힘	② SW기반 서비스 시장 창출
위협 (Threat)	③ 국가별·지역별 전략적 해외진출 강화	④ 작업환경변화 등 우수 인력 유입 촉진을 위한 기반을 조성하여 이직 등에 의한 이탈에 대비

33. 다음 중 '조직의 구분'에 대한 설명으로 옳지 않은 것은?

① 대학이나 병원 등은 비영리조직이다.
② 코카콜라와 같은 기업은 대규모 영리조직이다.
③ 종교단체는 비공식 비영리조직이다.
④ 정부조직은 대규모 비영리조직이다.

34. 다음 글의 빈칸에 들어갈 적절한 말은 어느 것인가?

하나의 조직이 조직의 목적을 달성하기 위해서는 이를 관리, 운영하는 활동이 요구된다. 이러한 활동은 조직이 수립한 목적을 달성하기 위하여 계획을 세우고 실행하고 그 결과를 평가하는 과정이다. 직업인은 조직의 한 구성원으로서 자신이 속한 조직이 어떻게 운영되고 있으며, 어떤 방향으로 흘러가고 있는지, 현재 운영체제의 문제는 무엇이고 생산성을 높이기 위해 어떻게 개선되어야 하는지 등을 이해하고 자신의 업무 영역에 맞게 적용하는 (   )이 요구된다.

① 체제이해능력　　　　② 경영이해능력
③ 업무이해능력　　　　④ 자기개발능력

┃35~36┃ 다음 결재규정을 보고 주어진 상황에 알맞게 작성된 양식을 고르시오.

〈결제규정〉

• 결재를 받으려면 업무에 대해서는 최고결재권자(대표이사)를 포함한 이하 직책자의 결재를 받아야 한다.
• '전결'이라 함은 회사의 경영활동이나 관리활동을 수행함에 있어 의사결정이나 판단을 요하는 일에 대하여 최고결재권자의 결재를 생략하고, 자신의 책임 하에 최종적으로 의사결정이나 판단을 하는 행위를 말한다.
• 전결사항에 대해서도 위임 받은 자를 포함한 이하 직책자의 결재를 받아야 한다.
• 표시내용 : 결재를 올리는 자는 최고결재권자로부터 전결사항을 위임 받은 자가 있는 경우 결재란에 전결이라고 표시하고 최종 결재권자에 위임 받은 자를 표시한다. 다만, 결재가 불필요한 직책자의 결재란은 상황대각선으로 표시한다.
• 최고결재권자의 결재사항 및 최고결재권자로부터 위임된 전결사항은 다음의 표에 따른다.

구분	내용	금액 기준	결재서류	팀장	본부장	대표 이사
접대비	거래처 식대, 경조사비 등	20만 원 이하	접대비지출 품의서 지출결의서	●■		
		30만 원 이하			●■	
		30만 원 초과				●■
교통비	국내 출장비	30만 원 이하	출장계획서 출장비 신청서	●■		
		50만 원 이하		●	■	
		50만 원 초과		●		■
	해외 출장비			●		■
소모품비	사무용품		지출결의서			■
	문서, 전산소모품					■
	기타 소모품	20만 원 이하		■		
		30만 원 이하			■	
		30만 원 초과				■
교육 훈련비	사내외 교육		기안서 지출결의서	●		■
법인 카드	법인카드 사용	50만 원 이하	법인카드 신청서		■	
		100만 원 이하			■	
		100만 원 초과				■

● : 기안서, 출장계획서, 접대비지출품의서
■ : 지출결의서, 세금계산서, 발행요청서, 각종 신청서

35. 영업부 사원 I씨는 거래업체 직원들과 저녁 식사를 위해 270,000원을 지불하였다. I씨가 작성해야 하는 결재 방식으로 옳은 것은?

①
접대비지출품의서			
결	담당	팀장	본부장	최종 결재
재	I			전결

②
접대비지출품의서			
결	담당	팀장	본부장	최종 결재
재	I	전결		본부장

③
지출결의서			
결	담당	팀장	본부장	최종 결재
재	I	전결		본부장

④
접대비지출품의서			
결	담당	팀장	본부장	최종 결재
재	I		전결	본부장

36. 편집부 직원 R씨는 해외 시장 모색을 위해 영국행 비행기 티켓 500,000원과 호주행 비행기 티켓 500,000원을 지불하였다. R씨가 작성해야 할 결재 방식으로 옳은 것은?

①
출장계획서			
결	담당	팀장	본부장	최종 결재
재	R			전결

②
출장계획서			
결	담당	팀장	본부장	최종 결재
재	R		전결	본부장

③
출장비신청서			
결	담당	팀장	본부장	최종 결재
재	R	전결		본부장

④
출장비신청서			
결	담당	팀장	본부장	최종 결재
재	R			대표이사

37. 해외 법인에서 근무하는 귀하는 중요한 프로젝트의 계약을 앞두고 현지 거래처 귀빈들을 위한 식사 자리를 준비하게 되었다. 본사와 거래처의 최고 경영진들이 대거 참석하는 자리인 만큼 의전에도 각별히 신경을 써야 하는 매우 중요한 자리이다. 이러한 외국 손님들과의 식사 자리를 준비하는 에티켓에 관한 다음 보기와 같은 설명 중 적절하지 않은 것은 무엇인가?

① 테이블의 모양과 좌석의 배치 등도 매우 중요하므로 반드시 팩스나 이메일로 사전에 참석자에게 정확하게 알려 줄 필요가 있다.
② 종교적 이유로 특정음식을 먹지 않는 고객의 유무 등 특별 주문 사항이 있는지를 미리 확인한다.
③ 상석(上席)을 결정할 경우, 나이는 많은데 직위가 낮으면 나이가 직위를 우선한다.
④ 최상석에 앉은 사람과 가까운 자리일수록 순차적으로 상석이 되며, 멀리 떨어진 자리가 말석이 된다.

38. 다음 중 아래의 조직도를 올바르게 이해한 것은?

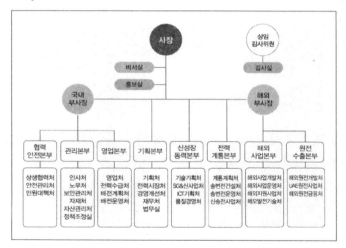

ㄱ 사장직속으로는 3개 본부, 13개 처, 2개 실로 구성되어 있다.
ㄴ 국내·해외부사장은 각 3개의 본부를 이끌고 있다.
ㄷ 감사실은 다른 부서들과는 별도로 상임 감사위원 산하에 따로 소속되어 있다.
ㄹ 노무처와 재무처는 서로 업무협동이 있어야 하므로 같은 본부에 소속되어 있다.

① ㄱ
② ㄷ
③ ㄴㄷ
④ ㄷㄹ

39. 조직문화에 관한 다음 글의 말미에서 언급한 밑줄 친 '몇 가지 기능'에 해당한다고 보기 어려운 것은?

개인의 능력과 가능성을 판단하는데 개인의 성격이나 특성이 중요하듯이 조직의 능력과 가능성을 판단할 때 조직문화는 중요한 요소가 된다. 조직문화는 주어진 외부환경 속에서 오랜 시간 경험을 통해 형성된 기업의 고유한 특성을 말하며, 이러한 기업의 나름대로의 특성을 조직문화란 형태로 표현하고 있다. 조직문화에 대한 연구가 활발하게 전개된 이유 가운데 하나는 '조직문화가 기업경쟁력의 한 원천이며, 조직문화는 조직성과에 영향을 미치는 중요한 요인'이라는 기본 인식에 바탕을 두고 있다.

조직문화는 한 개인의 독특한 성격이나 한 사회의 문화처럼 조직의 여러 현상들 중에서 분리되어질 수 있는 성질의 것이 아니라, 조직의 역사와 더불어 계속 형성되고 표출되며 어떤 성과를 만들어 나가는 종합적이고 총체적인 현상이다. 또한 조직문화의 수준은 조직문화가 조직 구성원들에게 어떻게 전달되어 지각하는가를 상하부구조로서 설명하는 것이다. 조직문화의 수준은 그것의 체계성으로 인하여 조직문화를 쉽게 이해하는데 도움을 준다.

한편, 세계적으로 우수성이 입증된 조직들은 그들만의 고유의 조직문화를 조성하고 지속적으로 다듬어 오고 있다. 그들에게 조직문화는 언제나 중요한 경영자원의 하나였으며 일류조직으로 성장할 수 있게 하는 원동력이었던 것이다. 사업의 종류나 사회 및 경영환경, 그리고 경영전략이 다른데도 불구하고 일류조직은 나름의 방식으로 조직문화적인 특성을 공유하고 있는 것으로 확인되었다.

기업이 조직문화를 형성, 개발, 변화시키려고 노력하는 것은 조직문화가 기업경영에 효율적인 작용과 기능을 하기 때문이다. 즉, 조직문화는 기업을 경영함에 있어 매우 중요한 몇 가지 기능을 수행하고 있다.

① 조직의 영역을 정의하여 구성원에 대한 정체성을 제공한다.
② 이직률을 낮추고 외부 조직원을 흡인할 수 있는 동기를 부여한다.
③ 조직의 성과를 높이고 효율을 제고할 수 있는 역할을 한다.
④ 개인적 이익보다는 조직을 위한 몰입을 촉진시킨다.

40. 다음에 해당하는 리더십의 유형은?

• 구성원에게 권한을 부여하고, 자신감을 불어넣는다.
• 구성원에게 도전적 목표와 임무, 미래의 비전을 추구하도록 한다.
• 구성원에게 개별적 관심과 배려를 보이고, 지적 자극을 준다.

① 카리스마적 리더십
② 변혁적 리더십
③ 발전적 리더십
④ 촉매적 리더십

41. 다음은 어느 회사의 사원 입사월일을 정리한 자료이다. 아래 워크시트에서 [C4] 셀에 수식 '=EOMONTH(C3,1)'를 입력하였을 때 결과 값은? (단, [C4] 셀에 설정되어 있는 표시형식은 '날짜'이다)

	A	B	C
1	성명	성별	입사월일
2	구현정	여	2013-09-07
3	황성욱	남	2014-03-22
4	최보람	여	
5			

① 2014-04-30
② 2014-03-31
③ 2014-02-28
④ 2013-09-31

42. 다음 워크시트에서 [A1:B2] 영역을 선택한 후 채우기 핸들을 사용하여 드래그 했을 때 [A5:B5]영역 값으로 바르게 짝지은 것은?

	A	B
1	A	13.9
2	B	14.9
3		
4		
5		

① A, 15.9
② B, 17.9
③ A, 17.9
④ C, 14.9

43. 다음 워크시트에서 수식 ‘=POWER(A3, A2)’의 결과 값은 얼마인가?

	A
1	1
2	3
3	5
4	7
5	9
6	11

① 5

② 81

③ 49

④ 125

44. 엑셀에서 새 시트를 열고자 할 때 사용하는 단축키는?

① ⟨Shift⟩+⟨F11⟩

② ⟨Ctrl⟩+⟨W⟩

③ ⟨Ctrl⟩+⟨F4⟩

④ ⟨Ctrl⟩+⟨N⟩

생산 연월	생산지		물품 코드		입고품 수량
	원산지 코드	제조사 코드	분야 코드	세부 코드	
⟨예시⟩ 2011년 10월 →1110 2009년 1월 →0901	1 미국	A 스카이	01 소품	001 폴리백	00001부터 다섯 자리 시리얼 넘버 부여
		B 영스		002 포스터	
		C 세븐럭		003 빨강	
	2 일본	D 히토리	02 원단	004 노랑	
		E 노바라		005 검정	
	3 중국	F 왕청		006 초록	
		G 메이		007 외장재	
	4 독일	H 액손	03 철제	008 내장재	
		I 바이스		009 프레임	
	5 영국	J 네오		010 이음쇠	
		K 페이스	04 플라스틱	011 공구	
		L S-10		012 팻치	
		M 마인스	05 포장구	013 박스	
	6 태국	N 홍차		014 스트링	
		O 덕홍		015 라벨지	
	7 베트남	P 비엣풍	06 라벨류	016 인쇄물	
		Q 응산		017 내지	

45. 재고물품 중 2011년 영국 ‘페이스’ 사에서 생산된 철제 프레임의 코드로 알맞은 것은 어느 것인가?

① 11035K0300901201

② 12025K0300800200

③ 11055K0601500085

④ 12074H0501400100

45~46 다음 H상사의 물류 창고별 책임자와 각 창고 내 재고 물품의 코드 목록을 보고 이어지는 질문에 답하시오.

책임자	코드번호	책임자	코드번호
정 대리	11082D0200400135	강 대리	11056N0401100030
오 사원	12083F0200901009	윤 대리	11046O0300900045
권 사원	11093F0200600100	양 사원	11053G0401201182
민 대리	12107P0300700085	박 사원	12076N0200700030
최 대리	12114H0601501250	변 대리	12107Q0501300045
엄 사원	12091C0200500835	이 사원	11091B0100200770
홍 사원	11035L0601701005	장 사원	12081B0100101012

⟨예시⟩

2011년 8월에 독일 액손 사에서 생산된 검정색 원단의 500번째 입고 제품

→1108 - 4H - 02005 - 00500

46. 다음 중 생산지(국가)가 동일한 물품을 보관하는 물류 창고의 책임자들로 알맞게 짝지어진 것은 어느 것인가?

① 엄 사원, 변 대리

② 정 대리, 윤 대리

③ 오 사원, 양 사원

④ 민 대리, 박 사원

47. G사 홍보팀에서는 다음과 같이 직원들의 수당을 지급하고자 한다. C12셀부터 D15셀까지 기재된 사항을 참고로 D열에 수식을 넣어 직책별 수당을 작성하였다. D2셀에 수식을 넣어 D10까지 드래그하여 다음과 같은 자료를 작성하였다면, D2셀에 들어가야 할 적절한 수식은 어느 것인가?

	A	B	C	D
1	사번	직책	기본급	수당
2	9610114	대리	1,720,000	450,000
3	9610070	대리	1,800,000	450,000
4	9410065	과장	2,300,000	550,000
5	9810112	사원	1,500,000	400,000
6	9410105	과장	2,450,000	550,000
7	9010043	부장	3,850,000	650,000
8	9510036	대리	1,750,000	450,000
9	9410068	과장	2,380,000	550,000
10	9810020	사원	1,500,000	400,000
11				
12			부장	650,000
13			과장	550,000
14			대리	450,000
15			사원	400,000

① =VLOOKUP(C12,$C$12:$D$15,2,1)

② =VLOOKUP(C12,$C$12:$D$15,2,0)

③ =VLOOKUP(B2,$C$12:$D$15,2,0)

④ =VLOOKUP(B2,$C$12:$D$15,2,1)

48. 다음은 '데이터 통합'을 실행하기 위한 방법을 설명하고 있다. 〈보기〉에 설명된 실행 방법 중 올바른 설명을 모두 고른 것은?

〈보기〉
(가) 원본 데이터가 변경되면 자동으로 통합 기능을 이용해 구한 계산 결과가 변경되게 할지 여부를 선택할 수 있다.
(나) 여러 시트에 입력되어 있는 데이터들을 하나로 통합할 수 있으나 다른 통합 문서에 입력되어 있는 데이터를 통합할 수는 없다.
(다) 통합 기능에서는 표준편차와 분산 함수도 사용할 수 있다.
(라) 다른 원본 영역의 레이블과 일치하지 않는 레이블이 있는 경우에도 통합 기능을 수행할 수 있다.

① (나), (다), (라) ② (가), (나), (다)

③ (가), (다), (라) ④ (가), (나), (다), (라)

49. 다음 자료를 참고할 때, B7 셀에 '=SUM(B2:CHOOSE(2,B3, B4,B5))'의 수식을 입력했을 때 표시되는 결과값으로 올바른 것은?

	A	B
1	성명	성과점수
2	오 과장	85
3	민 대리	90
4	백 사원	92
5	최 대리	88
6		
7	부분합계	

① 175 ② 355

③ 267 ④ 177

50. 다음은 그래픽(이미지) 데이터의 파일 형식에 대한 설명이다. 각 항목의 설명과 파일명을 올바르게 짝지은 것은?

㉠ Windows에서 기본적으로 지원하는 포맷으로, 고해상도 이미지를 제공하지만 압축을 사용하지 않으므로 파일의 크기가 크다.
㉡ 사진과 같은 정지 영상을 표현하기 위한 국제 표준 압축 방식으로 24비트 컬러를 사용하여 트루 컬러로 이미지를 표현한다.
㉢ 인터넷 표준 그래픽 파일 형식으로, 256가지 색을 표현하지만 애니메이션으로도 표현할 수 있다.
㉣ Windows에서 사용하는 메타파일 방식으로, 비트맵과 벡터 정보를 함께 표현하고자 할 경우 적합하다.

① ㉠ – JPG(JPEG)

② ㉡ – WMF

③ ㉢ – GIF

④ ㉣ – PNG

51. '내부고발제도'와 관련한 다음의 글을 참고할 때, 내부고발제도를 효과적으로 실행할 수 있는 방안으로 적절하지 않은 것은?

> 내부고발제도가 뿌리 내리기 위해 요구되는 것은 법 제도에 앞선 사회적 인식의 전환이다. 우선 조직을 지배하는 온정주의와 연고주의 문화가 뿌리 뽑혀야 한다. 인간적 관계 때문에 부정행위를 보고도 모른 체하고 넘어가는 조직문화 속에서 내부고발제도는 제대로 작동하기 어렵다. 지난 6월 세계일보 조사 결과, 사소한 관행적인 부정행위를 '신고하겠다.'는 응답은 39.7%에 불과했다. 이 결과의 가장 큰 이유는 조직의 '보복과 불이익'(46.3%) 때문이다. 내부고발자가 "너 혼자 깨끗한 척 하는 바람에 조직이 망가지고 동료 직원이 쫓겨났다."는 비난을 받으면 괜한 일을 했는가라는 좌절감에 빠진다. 따라서 보복행위를 명확히 규정하여 그 처벌을 강화하고, 공익제보자의 포상 및 보상 기준을 높여 경제적 불이익 때문에 실제 내부고발을 주저하는 일이 없게 해야 한다. 그 제도적 대안으로는 부패 몰수자산의 일정액을 공익신고자지원기금으로 조성하여 공익제보자에 대한 실질적 지원에 활용하는 방안을 생각할 수 있다.
>
> 현행 내부고발제도는 본인이 직접 실명 신고했을 경우에만 인정한다. 비밀이 보장되어도 신분이 노출될 수 있다는 두려움 때문에 신고에 나서지 않는 현실을 감안해 변호사나 시민단체를 통한 대리신고 역시 인정되어야 할 것이다. 부득이하게 내부고발자의 신분이 노출된 경우 조직차원에서는 감사·윤리경영 관련 부서에 배치해 관련 업무를 맡기거나 국가 차원에서도 공공기관의 감사부서에서 이들이 일할 수 있는 기회를 적극적으로 제공할 필요가 있다. 결국, 조직의 투명성 강화와 윤리경영은 내부고발제도가 불법행위의 예방제 역할을 할 때 가능하다.

① 내부고발과 개인적인 불평불만은 분명히 구분돼야 하므로 이 둘은 별도의 보고체계를 통해 관리한다.

② 내부고발자의 신원이 확실히 보호될 수 있는 법적, 제도적 장치를 마련해야 한다.

③ 내부고발 정책은 조직 내의 모든 관리자와 직원에게 동일하게 적용되어야 한다.

④ 내부고발자의 상황을 고려해 외부로의 확산을 우선 차단하고 직속상관에게 우선 보고하는 시스템을 마련해야 한다.

---

52. 다음은 부정청탁금지법의 주요 내용을 정리한 것이다. 이에 대한 올바른 설명이 아닌 것은 어느 것인가?

〈부정청탁 대상 직무〉

대상 직무	
• 인·허가 등 업무 처리 행위	• 공공기관이 생산·공급하는 재화 및 용역의 비정상적 거래 행위
• 행정처분·형벌부과 감경·면제 행위	• 학교 입학·성적 등 업무 처리·조작 행위
• 채용·승진 등 인사 개입 행위	• 징병검사 등 병역 관련 업무 처리 행위
• 공공기관 의사결정 관여 직위 선정·탈락에 개입 행위	• 공공기관이 실시하는 각종 평가·판정 업무 개입
• 공공기관 주관 수상·포상 등 선정·탈락에 개입 행위	• 행정지도·감사 등 결과 조작, 위법사항 묵인 행위
• 입찰·경매 등에 관한 직무상 비밀 누설 행위	• 사건의 수사·재판 등 개입 행위
• 특정인 계약 당사자 선정·탈락에 개입 행위	• 위 14가지의 대상 업무에 대한 지위·권한 남용 행위
• 보조금 등의 배정·지원, 투자 등에 개입 행위	

〈예외 사유〉
- 법령·기준에서 정한 절차·방법에 따른 특정행위 요구
- 공개적으로 특정행위 요구
- 선출직 공직자 등이 공익 목적으로 제3자 고충민원 전달 등
- 법정기한 내 업무처리 요구 등
- 직무·법률관계 확인·증명 등 신청·요구
- 질의·상담을 통한 법령·제도 등 설명·해석 요구
- 기타 사회상규에 위배되지 않는 행위

① 상급자의 부정청탁에 의한 지시라는 걸 알았음에도 거절 의사를 표시하지 않고 해당 지시를 수행할 경우 하급자도 처벌대상이 된다.

② 부정청탁에 의한 부정행위가 실현되지 않은 경우엔 '미실현 청탁 행위'가 되어 제재를 받지 않는다.

③ 전기, 수도요금 등 공과금이 부정에 의해 비정상적으로 청구된다면, 당연히 부정청탁금지법에 해당된다.

④ 공공기관에 대한 불만 사항을 공개적으로 요청을 하면 청탁금지법에는 해당되지 않는다.

53. 다음 중 직업윤리로 준수해야 할 덕목의 하나인 '책임'을 강조한 사례가 아닌 것은 어느 것인가?

① 중요한 계약을 성사시키기 위해 아내의 출산 소식에도 끝까지 업무를 수행한 A과장

② 실적 부진의 원인으로 자신의 추진력과 영업력이 부족했음을 인정한 B팀장

③ 매일 출근시간 한 시간 전에 나와 운동을 하며 건강관리에 소홀함이 없는 C대리

④ 본인이 선택한 일이니 그에 따른 결과 역시 다른 누구의 탓도 아니라는 D팀장

54. 다음은 채용비리와 관련한 실태와 문제점을 제기한 글이다. 다음 글에서 제기된 문제점을 보완할 수 있는 방안으로 적절한 것을 〈보기〉에서 모두 고른 것은?

> 공직 유관단체 채용비리 특별점검 결과 272개 대상 기관 중 200개 기관에서 적발 건이 발생되었다. 적발 건수의 합계는 무려 946건으로 기관 당 평균 5건에 육박하는 수치이다. 그러나 채용비리 연루자 및 부정합격자 등에 대한 제재 근거 미흡하다는 지적이 제기되고 있다. 공직유관단체 대다수의 기관이 채용비리 연루 직원 업무배제, 면직, 부정합격자 채용취소 등에 관한 내부 규정 미비로 인하여 연루 기관장 등 임원에 대한 해임 이외의 다른 제재수단이 없는 것을 드러냈다. 채용비리 연루자 중 수사의뢰(징계요구)된 기관의 임직원에 대해 근거규정이 없어 업무배제가 불가하며, 범죄사실과 징계여부가 확정되기까지는 최소 3개월의 시간이 소요된다는 것 또한 문제점을 해소하는 데 걸림돌이 되고 있다.

〈보기〉

⑺ 채용비리 예방을 위해 부정청탁 또는 비리 내용을 홈페이지 등에 공개한다.

⑻ 채용비리로 수사의뢰 되거나 징계 의결 요구된 경우 해당 직원을 즉시 업무 배제할 수 있는 근거를 마련한다.

⑼ 채용비리의 징계시효를 연장하는 규정을 마련한다.

⑽ 채용 관리 및 면접 위원 구성의 투명성과 평가 기준의 공정성을 확보한다.

① ⑺, ⑻, ⑼, ⑽

② ⑻, ⑼, ⑽

③ ⑺, ⑼, ⑽

④ ⑺, ⑻, ⑽

55. A공사의 성희롱 방지 관련 다음 규정을 참고할 때, 규정의 내용에 부합하지 않는 설명은 어느 것인가?

> 제○○조(피해자 등 보호 및 비밀유지)
> ① 위원장(인사·복무 등에 관한 권한을 위원장으로부터 위임받은 자를 포함한다)은 피해자 등, 신고자, 조력자에 대하여 고충의 상담, 조사신청, 협력을 이유로 다음 각 호의 어느 하나에 해당하는 불리한 처우를 하여서는 아니 된다.
>   1. 파면, 해임, 그 밖에 신분상실에 해당하는 불이익 조치
>   2. 징계, 정직, 감봉, 강등, 승진 제한 등 부당한 인사조치
>   3. 직무 미부여, 직무 재배치, 그 밖에 본인의 의사에 반하는 인사조치
>   4. 성과평가, 동료평가 등에서 차별이나 그에 따른 임금 또는 상여금 등의 차별 지급
>   5. 직업능력 개발 및 향상을 위한 교육훈련 기회의 제한
>   6. 집단 따돌림, 폭행 또는 폭언 등 정신적·신체적 손상을 가져오는 행위를 하거나 그 행위의 발생을 방치하는 행위
>   7. 그 밖에 피해를 주장하는 자, 조사 등에 협력하는 자의 의사에 반하는 불리한 처우
> ② 위원장은 피해자등의 의사를 고려하여 행위자와의 업무분장·업무공간 분리, 휴가 등 적절한 조치를 취해야 한다.
> ③ 성희롱·성폭력 사건 발생 시 피해자 치료 지원, 행위자에 대한 인사 조치 등을 통해 2차 피해를 방지하고 피해자의 근로권 등을 보호하여야 한다.
> ④ 고충상담원 등 성희롱·성폭력 고충과 관계된 사안을 직무상 알게 된 자는 사안의 조사 및 처리를 위해 필요한 경우를 제외하고는 사안 관계자의 신원은 물론 그 내용 등에 대하여 이를 누설하여서는 아니 된다.

① 성희롱을 목격하여 신고한 사람에게 인사상 불이익을 주어서는 안 된다고 설명하였다.

② 성희롱 피해자가 원할 경우, 직장에서는 행위자와의 격리 조치를 취해주어야 한다고 설명하였다.

③ 성희롱 사건을 직무상 알게 된 사람이 피해자의 이름을 누설하는 것은 규정 위반이라고 설명하였다.

④ 성희롱 피해 당사자에게는 우선 어떠한 직무도 부여하지 말고 절대 휴식을 주어야 한다고 설명하였다.

56. 다음 글과 같은 친절한 서비스를 제공하기 위해서 금지해야 할 행위로 적절하지 않은 것은?

> 고객이 서비스 상품을 구매하기 위해서는 입구에 들어올 때부터 나갈 때까지 여러 서비스 요원과 몇 번의 짧은 순간을 경험하게 되는데 그때마다 서비스 요원은 모든 역량을 동원하여 고객을 만족시켜 주어야 하는 것이다. 이를 뒷받침하기 위해서는 고객접점에 있는 서비스 요원들에게 권한을 부여하고 강화된 교육이 필요하며, 고객과 상호작용에 의하여 서비스가 순발력 있게 제공될 수 있는 서비스 전달시스템을 갖추어야 한다. 고객은 윗사람에게 결재의 여유를 주지 않을 뿐만 아니라 기다리지도 않는다.

① 고객에게 짧은 시간에 결정적이고 좋은 인상을 심어주려는 행위
② 고객을 방치한 채 업무자끼리 대화하는 행위
③ 고객이 있는데 화장을 하거나 고치는 행위
④ 개인 용무의 전화 통화를 하는 행위

57. 다음은 '기업의 직업윤리'의 중요성을 다루는 세미나에서 제공된 발표 자료의 일부이다. 이에 대한 설명으로 적절하지 않은 것은?

> 외국인 투자자들은 최근 한국 기업의 기업 윤리 행태에 대해 비판의 목소리를 높이고 있죠. 투자자의 신뢰를 배신한 한국 기업이라고 구체적으로 지칭하며, 이들에 대한 지분율을 낮추는 등 보유 주식을 대거 처분하고 있는 모습을 보이고 있습니다. 특히 가짜 백수오 사건으로 물의를 일으키는 N사가 대표적인데요. N사는 건강 기능성식품을 제조하면서 진짜 백수오가 아닌, 인체에 유해한 물질을 넣었었죠. 이 같은 사실이 공개되기 직전에 내부 임원들이 수십억 원대의 보유 주식을 매각한 사실까지 드러나면서 엄청난 비난이 쏟아지기도 했습니다.
> 이러한 행태에 분노한 외국인들은 N사의 주식을 대규모로 매각했고, 주가는 한 달 만에 82% 이상 폭락했죠. 문제는 N사와 같은 행태가 한국 기업 내에서 어렵지 않게 보인다는 것입니다. 국내 최대 자동차기업 중 하나인 Z사는 10조 원이 넘는 지출을 통해 부지를 매입했는데, 이것에 대해 외국인 투자자들은 비상식적인 경영 행위로 판단하고, 경영진에게 일침을 가하기도 했습니다.

① 투자자들은 기업의 경영 방침에 대해 지적하고 간섭할 권리가 있다.
② 한국 기업 경영진들은 종종 자신의 이득만을 위해 정보를 조작하는 등 투명하지 않은 모습을 보이기 때문에 국민들에게 비난의 대상이 되기도 한다.

③ 정보 통신의 발달로 인해 기업들의 정직하지 못한 행태가 쉽게 확인 가능하게 되면서, 기업의 공정에 대한 윤리의식이 기업의 성과에 매우 중요한 요인이 되고 있다.
④ 기업들은 브랜드 이미지를 관리하기 위해 SNS 모니터링, 홍보단 등을 구성하고 운영할 필요가 있다.

58. 다음은 A기관 민원실에 걸려 있는 전화 민원 응대 시 준수사항이다. 밑줄 친 ㈎~㈐ 중 전화 예절에 어긋나는 것은?

> • 전화는 항상 친절하고 정확하게 응대하겠습니다.
> • 전화는 전화벨이 세 번 이상 울리기 전에 신속하게 받겠으며, ㈎전화 받은 직원의 소속과 이름을 정확히 밝힌 후 상담하겠습니다.
> • ㈏통화 중에는 고객의 의견을 명확히 이해하기 위하여 고객과의 대화를 녹취하여 보관하도록 하겠습니다.
> • 고객의 문의 사항에 대해서는 공감하고 경청하며, 문의한 내용을 이해하기 쉽게 충분히 설명하겠습니다.
> • 부득이한 사정으로 전화를 다른 직원에게 연결할 경우에는 먼저 고객의 양해를 구한 후 신속하게 연결하겠으며, ㈐통화 요지를 다른 직원에게 간략하게 전달하여 고객이 같은 내용을 반복하지 않도록 하겠습니다.
> • 담당 직원이 부재중이거나 통화 중일 경우에는 고객에게 연결하지 못하는 이유를 설명하고 ㈑유선 민원 접수표를 담당 직원에게 전달하여 빠른 시간 내에 연락드리겠습니다.
> • 고객의 문의 사항에 즉시 답변하기 어려울 때는 양해를 구한 후 관련 자료 등을 확인하여 신속히 답변 드리겠습니다.
> • 고객과 상담 종료 후에는 추가 문의 사항을 확인한 다음 정중히 인사하고, 고객이 전화를 끊은 후에 수화기를 내려놓겠습니다.
> • 직원이 고객에게 전화를 할 경우에는 본인의 소속과 성명을 정확히 밝힌 후에 답변 드리겠습니다.

① ㈎
② ㈏
③ ㈐
④ ㈑

59. 다음은 B공사의 윤리경영에 입각한 임직원 행동강령의 일부이다. 주어진 행동강령에 부합하는 설명이 아닌 것은?

제○○조(금품 등을 받는 행위의 제한)
① 임직원(배우자 또는 직계 존·비속을 포함한다.)은 직무관련자나 직무관련임직원으로부터 금전, 부동산, 선물, 향응, 채무면제, 취업제공, 이권부여 등 유형·무형의 경제적 이익을 받거나 요구 또는 제공받기로 약속해서는 아니 된다. 다만, 다음 각 호의 어느 하나에 해당하는 경우에는 그러하지 아니하다.
　1. 친족이 제공하는 금품 등
　2. 사적 거래로 인한 채무의 이행 등에 의하여 제공되는 금품 등
　3. 원활한 직무수행 또는 사교·의례의 목적으로 제공될 경우에 한하여 제공되는 3만 원 이하의 음식물·편의 또는 5만 원 이하의 소액의 선물
　4. 직무와 관련된 공식적인 행사에서 주최자가 참석자에게 통상적인 범위에서 일률적으로 제공하는 교통·숙박·음식물 등의 금품 등
　5. 불특정 다수인에게 배포하기 위한 기념품 또는 홍보용품 등
　6. 특별히 장기적·지속적인 친분관계를 맺고 있는 자가 질병·재난 등으로 어려운 처지에 있는 임직원에게 공개적으로 제공하는 금품 등
　7. 임직원으로 구성된 직원 상조회 등이 정하는 기준에 따라 공개적으로 구성원에게 제공하는 금품 등
　8. 상급자가 위로, 격려, 포상 등의 목적으로 하급자에게 제공하는 금품 등
　9. 외부강의·회의 등에 관한 대가나 경조사 관련 금품 등
　10. 그 밖에 다른 법령·기준 또는 사회상규에 따라 허용되는 금품 등
② 임직원은 직무관련자였던 자나 직무관련임직원이었던 사람으로부터 당시의 직무와 관련하여 금품 등을 받거나 요구 또는 제공받기로 약속해서는 아니 된다. 다만, 제1항 각 호의 어느 하나에 해당하는 경우는 제외한다.

① 임직원의 개인적인 채무 이행 시의 금품 수수 행위는 주어진 행동강령에 의거하지 않는다.
② 3만 원 이하의 음식물·편의 제공은 어떤 경우에든 가능하다.
③ 어떠한 경우이든 공개적으로 제공되는 금품은 문제의 소지가 현저히 줄어든다고 볼 수 있다.
④ 직원 상조회 등으로부터 금품이 제공될 경우, 그 한도액은 제한하지 않는다.

60. 동진이는 팀원들과 함께 아이디어 회의를 하고 있는 중이다. 다양한 아이디어를 수집하여 정리하고 토론을 하였다. 다음 중 '직무책임'에 관하여 틀린 의견을 낸 사람은 누구인가?

① 김대리 – 내가 해야 할 직무를 개인적인 일보다 우선적으로 수행해야 합니다.
② 이대리 – 내가 해야 할 직무를 행함에 있어서, 역할과 책임을 명확하게 해야 합니다.
③ 신주임 – 자신의 고유직무만 아니라 소속팀의 공동직무도 공동책임입니다.
④ 정과장 – 직무수행 중 일어난 과실에 대해서는 법적 책임만 져야 합니다.

1. 다음 중 사회규범의 종류와 예를 잘못 연결한 것은?

① 관습 – 추석에는 송편을 먹는다.

② 도덕 – 명절에는 차례를 지낸다.

③ 도덕 – 웃어른을 공경하라.

④ 법 – 남을 폭행하거나 남의 신체를 해한 자는 징역이나 벌금에 처한다.

⑤ 종교규범 – 우상을 섬기지 말라.

2. 다음에서 설명하고 있는 민주 국가의 원리는?

• 모든 국민뿐만 아니라 국가 기관도 법에 따라야 한다.
• 국가 권력의 남용을 막고 국민의 자유와 기본권을 보장한다.
• 국가의 통치 행위가 의회에서 제정된 법의 내용과 절차에 따라 이루어져야 한다.

① 국민 주권   ② 권력 분립
③ 법치주의   ④ 인치주의
⑤ 절대주의

3. 다음 법 규정을 통해 추론할 수 있는 내용을 아래의 〈보기〉에서 고른 것은?

[도로교통법]
제12조 시장 등은 교통사고의 위험으로부터 어린이를 보호하기 위하여 필요하다고 인정하는 때에는 유치원 및 초등학교 등의 주변 도로 가운데 일정 구간을 어린이 보호 구역으로 지정하여 자동차등과 노면전차의 통행속도를 시속 30킬로미터 이내로 제한할 수 있다.

〈보기〉
㉠ 국가는 국민이 가지는 불가침의 인권을 확인한다.
㉡ 법률에 의해서만 국민의 기본권을 제한할 수 있다.
㉢ 국가는 자유와 권리의 본질적인 내용을 침해할 수 있다.
㉣ 국민의 자유와 권리는 질서 유지를 위해 제한될 수 있다.

① ㉠㉡   ② ㉠㉢
③ ㉡㉢   ④ ㉡㉣
⑤ ㉢㉣

4. 다음 중 민법에 대한 옳은 설명을 〈보기〉에서 고른 것은?

㉠ 개인 간 분쟁 해결을 위한 소송 절차를 다룬다.
㉡ 개인의 가족 관계나 재산 관계를 규율하고 있다.
㉢ 사회적 질서, 공공의 생활을 규율하고 있다.
㉣ 소유권 존중의 원칙, 계약 자유의 원칙 등을 기본 원칙으로 삼았다.

① ㉠㉡   ② ㉠㉢
③ ㉡㉢   ④ ㉡㉣
⑤ ㉢㉣

5. 다음 밑줄 친 경우에 해당하는 사례를 〈보기〉에서 고른 것은?

개인의 권익 침해 유형에는 사적인 생활 영역에서 개인 간에 권리 침해가 발생한 경우와 <u>범죄 행위 때문에 권리가 침해되어 형법의 적용을 받는 경우</u>가 있다.

〈보기〉
㉠ 갑은 지하철에서 성추행을 했다.
㉡ 을은 재판상 이혼을 하려고 한다.
㉢ 병은 컴퓨터 바이러스를 유포했다.
㉣ 정은 친구에게 빌린 돈을 갚지 않았다.

① ㉠㉡   ② ㉠㉢
③ ㉡㉢   ④ ㉡㉣
⑤ ㉢㉣

6. 다음 중 지방공기업의 사업으로 옳은 것은?

① 주민복지사업

② 도시철도사업

③ 우편사업

④ 양곡관리사업

⑤ 마을상수도사업

7. 다음은 형사 소송의 절차이다. 절차에 맞게 (가)~(마)를 순서대로 나열한 것은?

> (가) 사건 발생
> (나) 검사의 기소
> (다) 고소, 고발, 자수, 인지
> (라) 경찰과 검사의 수사
> (마) 재판으로 유·무죄 및 형 확정

① (가)(다)(라)(나)(마)　　② (가)(라)(다)(나)(마)
③ (가)(마)(다)(라)(나)　　④ (다)(가)(나)(라)(마)
⑤ (다)(가)(라)(나)(마)

8. 다음 법들의 공통점으로 알맞은 것은?

> 민법, 대통령령, 교육공무원법, 형사소송법

① 근대 자본주의 국가의 모습을 해결하기 위한 법이다.
② 일정한 절차에 따라 조문의 형식으로 제정된 법이다.
③ 특수한 사람, 장소, 사물에 대해 제한적으로 적용되는 법이다.
④ 국가 또는 공공 단체를 법적 주체로 하여 공권력 관계를 다루는 법이다.
⑤ 권리와 의무의 내용, 종류, 주체, 발생, 변경, 소멸 등을 규정한 법이다.

9. 다음 내용을 일반화한 진술로 옳은 것을 〈보기〉에서 모두 고른 것은?

> 우리들은 다음과 같은 것을 자명한 진리라고 믿는다. 모든 사람은 평등하게 창조되었고, 창조주로부터 일정의 양도할 수 없는 권리가 부여되어 있다. 이들 가운데 생명, 자유, 행복을 추구할 권리가 있다. 정부는 이러한 권리를 보전하기 위하여 인민들 사이에 세워진 것이므로 그 정당한 권력은 피치자의 동의로부터 유래하고 있는 것이다.

> 〈보기〉
> ㉠ 기본권은 국가 권력을 직접적으로 구속한다.
> ㉡ 기본권은 누구에게도 양도할 수 없다.
> ㉢ 기본권은 법률로써 제한될 수 있다.
> ㉣ 기본권은 인민들 사이의 계약에 의해 성립되었다.

① ㉠㉡　　② ㉠㉢
③ ㉡㉢　　④ ㉡㉣
⑤ ㉢㉣

10. (가)~(다)에 대한 설명으로 옳은 것은?

> (가) 강제가 없는 법은 그 자체가 모순이며 타지 않는 불이요, 빛이 없는 등불과 같다.
> (나) 사회가 있는 곳에 법이 있다.
> (다) 피레네 산맥 이쪽에서의 법이 산맥 저쪽에서는 불법이다.

① (가)는 권리와 의무를 동시에 규율하는 법의 양면성을 보여준다.
② (나)는 도덕과 구분되는 법의 특징을 잘 표현하고 있다.
③ (가)와 (나)에서 '법'은 동일한 의미이다.
④ (가)~(다)에서 법은 모두 국가의 존재를 전제로 하고 있다.
⑤ (다)는 법의 상대성과 다양성을 나타내준다.

11. 다음에 해당하는 소비자의 권리는?

> • 자유롭고 공정한 경쟁이 이루어지는 시장에서 보장될 수 있다.
> • 방문 판매원들의 허위·기만행위 등으로부터 소비자를 보호하기 위해 할부 거래에 관한 법률, 방문 판매 등에 관한 법률이 제정되었다.

① 보상을 받을 권리　　② 선택할 권리
③ 안전할 권리　　④ 알 권리
⑤ 의견을 반영할 권리

12. 다음 설명과 가장 관련이 깊은 행정법의 기본 원리는?

> • 사회가 전문화되고 복잡해짐에 따라 행정이 관료 집단의 인간적인 능력만으로는 행해지기 어려워졌다.
> • 오늘날 행정법은 '행정 규제적 기능'에서 '행정 유도적 기능'을 수행하고 있다.
> • 행정권은 자의적으로 행사되어서는 안 된다.
> • 행정법은 정당성을 가지도록 제정되어야 하고, 공정하게 집행되어야 한다.

① 민주행정의 원리　　② 법치행정의 원리
③ 복지행정의 원리　　④ 사법국가주의
⑤ 지방분권주의

13. 다음 내용에 해당하는 사례로 가장 적절한 것은?

> 피의자가 책임 능력이 있고, 자신의 범죄 행위가 가지는 위법성을 제대로 인식하고 있다 하더라도, 피의자에게 범죄 행위를 하지 않을 수 있는 가능성이 없다면, 피의자를 범죄자라고 비난할 수 없을 것이다. 행위 시의 구체적인 사정으로 보아 행위자가 범죄 행위를 하지 않고 적법 행위를 할 것이라고 기대할 가능성이 없을 경우에는 그 행위자를 비난할 수 없을 것이다.

① 반사회적 행위를 했으나 처벌 규정이 없는 경우
② 법령에 의한 행위인 경우
③ 어린아이가 칼을 휘둘러 사람을 다치게 한 경우
④ 저항할 수 없는 폭력에 의해 범죄를 저지른 경우
⑤ 정신병자가 지나가는 사람을 폭행한 경우

14. 네트워크 조직의 특성에 대한 설명으로 옳지 않은 것은?

① 응집력 있는 조직문화를 만드는 데 유리하다.
② 업무처리의 신속성과 유연성을 확보하는 데 유리하다.
③ 네트워크 기관과 구성원들 간의 교류를 통한 신뢰관계 형성이 중요하다.
④ 각기 높은 독자성을 지닌 조직단위나 조직들 간에 협력적 연계장치로 구성된 조직이다.
⑤ 유기적 조직의 하나로서 직접 감독에 필요한 지원인력이 불필요하다.

15. 인간관계론에 관한 설명 중 옳지 않은 것은?

① 공식조직을 중시하여 사회적 인간관계를 강조한다.
② 인간의 사회적 측면을 중시하는 이론이다.
③ 경제적 욕구보다 사회적 인간관계를 강조한다.
④ Y이론적 인간관으로 발전하였다.
⑤ E. Mayo의 호손실험에 의해 연구되었다.

16. 정책평가의 일반적 기준이 아닌 것은?

① 수익자 대응성   ② 평가자의 전문성
③ 목표달성도   ④ 능률성
⑤ 수혜자의 만족도

17. 직무분석과 직무평가에 대한 설명 중 옳은 것은?

① 직무분석에서 직급·직무등급을 결정한다.
② 직무평가에서 직류·직군을 결정한다.
③ 직무분석이 수직적 분석이라면, 직무평가는 수평적 분석이다.
④ 직무평가가 직무분석보다 먼저 이루어진다.
⑤ 직무분석은 논리적 판단에 따른 분류로서 각 직위의 상대적 비중을 판별하여 직무등급을 정한다.

18. 「정부기업예산법」에서 추구하는 회계방식의 설명 중 옳지 않은 것은?

① 현금주의를 사용한다.
② 원가계산을 한다.
③ 기업적 성격이 강하다.
④ 발생주의를 일부 도입했다.
⑤ 자산에 대한 감가상각을 인정한다.

19. 다음 중 님비(NIMBY)가 아닌 핌피(PIMFY)현상으로 볼 수 있는 것은?

① 월드컵 경기장 유치
② 쓰레기소각장 설치
③ 장애인학교 설립
④ 핵폐기물처리장 설치
⑤ 시립화장장 설치

20. 다음 중 분권화에 대한 설명으로 옳지 않은 것은?

① 신속한 사무 처리에 기여한다.
② 규모의 경제를 실현한다.
③ 규모가 클수록 분권화된다.
④ 위기의 존재는 집권화를 촉진한다.
⑤ 관리자의 양성에 기여한다.

21. 다음 중 최근 강조하고 있는 성과 중심의 행정과 거리가 먼 것은?

① 성과급 보수

② 개방적 계약임용제

③ 근무성적평정의 객관화

④ 발생주의 회계방식의 적극 활용

⑤ 부패방지와 직업공무원제의 강화

22. 다음 중 책임운영제에 대한 설명으로 옳지 않은 것은?

① 성과중심의 관리방식을 중시한다.

② 책임운영기관의 장에게 재정상의 자율성은 제약하지만 행정상의 자율성을 부여한다.

③ 미국의 PBO와 같은 맥락이다.

④ 우리나라도 시행되고 있다.

⑤ 정책집행 및 서비스기능을 기획 내지 정책결정기능에서 분리시켜 집행의 효율성을 높였다.

23. 다음 중 정책의제와 관련하여 동원형의 예는?

① 제2의 건국운동 전개

② 금융실명제의 도입

③ 한·일어업협정의 체결

④ 여성채용목표제의 도입

⑤ 그린벨트 지정의 완화

24. 정부의 경쟁력을 높이기 위해 공무원의 수를 감축하는 경우 가장 합리적인 방법은?

① 정년단축

② 자연감소인력의 미충원

③ 성과평가결과에 따른 퇴직대상자의 선별

④ 산하단체와 기업체 등에 대한 취업 보장

⑤ 퇴직수당의 추가지급으로 명예퇴직 유도

25. 다음 중 시민공동생산에 대한 설명으로 가장 옳지 않은 것은?

① 재정확대를 수반하지 않으면서 지역사회가 필요로 하는 공공서비스를 확보할 수 있게 한다.

② 시민들의 무임승차자 문제를 해결하기 위한 대안이다.

③ 관료제의 비효율성에 대한 비판적 시각을 기초로 하고 있다.

④ 모든 서비스영역에 시민공동생산이 가능한 것은 아니다.

⑤ 도로에서 휴지 줍기, 자율방범대의 조직 등이 시민공동생산의 예이다.

26. 다음 중 지방자치와 관련한 설명으로 옳지 않은 것은?

① 규칙은 고유사무, 단체위임사무, 조례에 의해 위임된 사항에 관하여 지방자치단체의장이 제정한다.

② 훈령이란 상급기관이 하급기관에게 권한행사를 지휘하기 위하여 장기간 발하는 명령이다.

③ 지시란 상급기관이 하급기관에 대하여 개별적·구체적으로 발하는 명령이다.

④ 「지방자치법」은 법률의 위임에 의해 제정된 지방자치에 관한 법이다.

⑤ 조례는 지방자치단체가 법령의 범위 안에서 그 권한에 속하는 사무에 관하여 지방의회의 의결로써 제정하는 규범이다.

27. 다음 중 자본주의 기업에 대한 설명으로 옳지 않은 것은?

① 자본을 투하하여 최대한 자본의 가치를 높이려고 노력한다.

② 사적인 소유권을 가진 자본가가 소유하게 되는 사적인 경제단위이다.

③ 시장에서의 불완전경쟁을 가정하고 있다.

④ 자본주의 기업은 이윤을 목표로 재화 및 그에 따르는 부수적인 서비스를 생산 및 공급하는 단위이다.

⑤ 시장에서 생산요소를 구입해서 이를 내부에서 결합 및 변화시킴으로써 재화 및 서비스를 생산 공급한다.

28. 다음 경영학의 학문적 특성에 관련한 내용 중 이론 경영학에 대한 설명으로 옳지 않은 것은?

① 순수과학으로서의 경영학을 의미한다.

② 경험적 사실을 분석해서 경영의 새로운 법칙을 추구하고 발견해 구축해 나가는 것이다.

③ 하지만 경험적 사실을 설명해서 예측 가능한 경영 이론의 구축에 학문적 편향성이 있다.

④ 기술과학은 검증이 가능한 가설로 이를 검증하여 새로운 이론을 다지는 학문이다.

⑤ 경영의 방향에 따른 당위로서의 능력 그리고 가치적인 포함을 의미한다.

29. 리더의 역할을 크게 방향제시자, 의견 조율자, 일·삶 등을 지원해 주는 일종의 조력자 등의 3가지로 제시하고 있는 리더십 이론은 무엇이라고 하는가?

① 카리스마 리더십   ② 슈퍼 리더십

③ 서번트 리더십   ④ 셀프 리더십

⑤ 규범형 리더십

30. 다음은 동기부여 이론 중 하나인 매슬로우 욕구단계설을 나열한 것이다. 이 중 잘못된 것을 고르면?

① 생리적 욕구   ② 안전의 욕구

③ 애정 및 소속감의 욕구   ④ 기대적 욕구

⑤ 자아실현의 욕구

31. 다음 중 재고의 기능에 해당하는 것을 모두 고르면?

┌─────────────────────────────┐
│ ㉠ 공급자에 대한 서비스   │
│ ㉡ 취급수량에 있어서의 비경제성   │
│ ㉢ 생산의 비안정화   │
│ ㉣ 재고보유를 통한 판매의 촉진   │
│ ㉤ 투자 및 투기의 목적으로 보유   │
└─────────────────────────────┘

① ㉠㉡   ② ㉠㉣

③ ㉡㉢   ④ ㉢㉤

⑤ ㉣㉤

32. 다음 중 집단의사결정의 장점으로 옳은 것은?

① 일의 전문화가 가능하다.

② 시간과 비용을 절약할 수 있다.

③ 집단사고 발생의 가능성이 낮다.

④ 신속한 행동을 하는 것이 유리하다.

⑤ 토론시간이 비교적 짧다.

33. 서비스의 특징에는 무형성, 소멸성, 비분리성, 이질성 등이 있다. 다음 중 가장 옳지 않은 내용을 고르면?

① 통상적으로 서비스는 물질적 재화 외 생산 및 소비에 관련한 모든 경제활동까지도 포함한다고 할 수 있다.

② 항공사의 서비스를 활용하는 것과, 학생들이 학교에서 수업을 듣는 것들은 모두 해당 서비스를 이용하는 것이므로 소유도 할 수 있으므로 이를 무형성이라고 한다.

③ 이질성의 경우 소비자들에게 제공하는 서비스의 표준화가 상당히 어렵다고 할 수 있다.

④ 소멸성의 경우 소비자들에게 어필하여 판매되지 않은 제품은 사라지게 되며, 이를 재고로써 보관할 수 없다.

⑤ 서비스는 제품과 달리 생산과 동시에 소비가 되는 성격을 지닌다.

34. 다음 중 현대적 인사관리에 대한 설명으로 보기 가장 어려운 것은?

① 현대적 인사관리는 구성원 개인의 목표와 기업 조직의 목표를 조화시키는 것을 강조한다.

② 현대적 인사관리는 구성원 개개인의 경력중심 인사관리에 중점을 두고 있다.

③ 현대적 인사관리는 장기적으로 구성원들을 육성 및 개발하는 안목을 지니고 있다.

④ 현대적 인사관리는 소극적이면서 타율적인 X론적 인간관을 추구하고 있다.

⑤ 현대적 인사관리는 노사 간의 상호협력에 의한 목적을 달성하고자 한다.

35. 다음 중 최저 임금제에 대한 내용으로 바르지 않은 것은?

① 저임금을 받는 종업원들을 보호하게 된다.

② 노사 간의 분쟁을 예방한다.

③ 비능률적인 경영 및 불공정한 기업경쟁을 방지한다.

④ 국가가 임금액의 최저한도선을 정하고, 사용자에게 지급을 법적으로 강제하는 제도이다.

⑤ 노동력의 양적인 부분을 향상시킨다.

36. '경영자혁명'이라는 말을 처음 사용한 사람은?

① 로스토　　　　　② 리카도

③ 번햄　　　　　　④ 메이요

⑤ 테일러

37. 통상적으로 정부 및 공공단체와 주식회사 등이 일반인으로부터 비교적 거액의 자금을 일시에 조달하기 위해 발행하게 되는 차용증서를 채권이라 한다. 다음 중 채권에 관련한 사항으로 보기 가장 어려운 것은?

① 원리금에 대한 상환기간이 발행시점으로부터 정해져 있는 일종의 기한부 증권이라 할 수 있다.

② 채권은 대부분이 단기증권의 성격을 지닌다.

③ 채권은 유통시장에서 현금화를 용이하게 할 수 있는 유동성이 높은 증권이다.

④ 동일한 채권이라 할지라도 만기까지의 기간에 따라 수익률이 달라지기도 한다.

⑤ 채권의 발행 시 상환금액 및 이자가 확정되어 있는 고정금리채권이 대부분이다.

38. 중앙정부나 지방정부가 소유 및 운영하는 기업에 대한 설명으로 옳은 것을 〈보기〉에서 모두 고른 것은?

〈보기〉
㉠ 공익과 관련성이 높은 분야에서 많이 발견된다.
㉡ 정부실패 문제가 제기되면서 증가하는 추세이다.
㉢ 주로 독점적 경쟁 시장의 형태를 보이고 있다.
㉣ 효율성이 떨어진다는 비판을 받고 있다.

① ㉠㉡　　　　　② ㉠㉣

③ ㉡㉢　　　　　④ ㉡㉣

⑤ ㉢㉣

39. 다음에서 설명하는 제도의 실시 목적으로 적절한 것은?

정부가 농산물가격을 결정함에 있어서 생산비로부터 산출하지 않고 일정한 때의 물가에 맞추어 결정한 농산물가격이다.

① 근로자보호

② 생산자보호

③ 소비자보호

④ 독점의 제한

⑤ 경쟁의 제한

40. 다음 경제 정책 토론회에 대한 옳은 분석을 〈보기〉에서 모두 고른 것은?

갑 : 우리나라 경제가 활력을 잃고 있습니다. 활력을 불어넣기 위해서는 시중의 금리를 낮출 필요가 있습니다.

을 : 세계적으로 금리가 높아지고 있는 상황에서 금리를 낮추는 것은 여러 가지 경제적 대가를 치르게 합니다. 오히려 감세 정책이 바람직합니다.

병 : 규제 완화와 같은 성장 잠재력 확충을 위한 근본적인 대책이 필요합니다. 규제를 완화하면 기업의 투자가 늘어날 것이기 때문에 경제도 활력을 되찾을 것입니다.

〈보기〉
㉠ 갑은 국공채 매각 정책에 대해 찬성할 것이다.
㉡ 을은 확장 재정 정책의 필요성을 주장하고 있다.
㉢ 병은 갑과 을에 비해 시장의 원리를 더 중시한다.
㉣ 밑줄 친 '경제적 대가'로는 외국 자본의 유입을 들 수 있다.

① ㉠㉡　　　　　② ㉠㉣

③ ㉡㉢　　　　　④ ㉡㉣

⑤ ㉢㉣

41. 다음 사례는 시장이 효율적 자원분배에 실패하는 어떤 경우에 해당하는가?

> 벼농사가 갖는 이점은 우리가 생각하는 것 이상으로 많다. 우리나라의 논은 112만 ha로 전 국토 면적의 11%에 이른다. 이 넓은 면적에 벼농사를 짓기 위해 설치한 논둑이 여름철 홍수를 막는 데 엄청난 기여를 한다. 홍수 때 논에 가둬둘 수 있는 물의 양은 총 36억 톤인데, 이는 춘천댐 저수량의 24배로 그만한 저수지를 새로 만든다면 무려 15조 원이 든다고 한다. 벼농사를 짓고 있는 논은 토양 유실을 막아 주고, 여름철에는 기화열을 통해 온도 조절 작용도 하며, 식물의 광합성 작용으로 공기 정화 작용도 하고 물을 깨끗하게 한다. 이러한 것들은 시장 가격으로 계산할 수 없는 이익이다. 그러나 벼농사를 짓는 농부의 이익은 단지 생산된 쌀을 판매하는 것에서만 얻을 수 있다.

① 공공재가 사회적 필요량보다 과소 생산되는 경우
② 관료 집단의 이기주의와 부정부패가 심화되는 경우
③ 사회적 편익이 적정 수준보다 적게 산출되는 경우
④ 상품 정보의 결함으로 인한 도덕적 해이가 나타나는 경우
⑤ 소수가 시장을 지배하는 현상이 나타나는 경우

42. 다음 글에서 설명하는 법률의 시행 이전에 나타날 단기적 효과로 가장 적절한 것은?

> A국 정부는 연 100%를 넘는 높은 사채(私債) 이자율 때문에 서민들의 피해가 커지자, 대부업법을 개정해 2개월 이후인 시행일부터는 66% 이상의 이자를 받지 못하도록 하였다. 그러나 이 법률이 개정되자마자 영업을 포기하는 사채업자들이 마구잡이로 채권 회수에 나서고, 채무 상환 압박에 몰린 서민들이 돈을 갚기 위해 또 다른 사채에 의존하게 되었다.

① 사채 공급의 증가
② 사채 수요의 감소
③ 사채 시장의 불균형 확대
④ 사채 이자율의 급격한 상승
⑤ 사채에 대한 초과 공급 발생

43. 다음 글에서 밑줄 친 ㉠이 발생하는 원인을 〈보기〉에서 모두 고른 것은?

> 인플레이션이 발생하는 원인에는 크게 두 가지가 있다. 하나는 총공급이 감소하는 경우이고, 다른 하나는 ㉠총수요가 증가하는 경우이다.

〈보기〉
㉠ 국제 사료 가격의 상승 ㉡ 생산요소 가격의 상승
㉢ 정부 지출 증가   ㉣ 통화량 증가

① ㉠㉡   ② ㉠㉢
③ ㉡㉢   ④ ㉡㉣
⑤ ㉢㉣

44. 다음 글의 밑줄 친 ㉠~㉤에 대한 설명으로 옳지 않은 것은?

> 은경이의 할머니는 소유하고 있는 건물을 임대하여 ㉠임대료를 받고 있다. 은경이의 아버지는 작은 화원을 운영하여 ㉡소득을 얻고 있으며, 은경이의 어머니는 요가 강사로서 강의 시간에 따라 ㉢급료를 받는다. 최근에 은경이의 어머니는 보유하고 있는 주식의 ㉣배당금을 받아 은경이의 대학등록금으로 이용하기 위해 은행에 저축을 하였는데, 이에 대한 ㉤이자를 받게 되었다.

① ㉠, ㉣, ㉤은 재산소득이다.
② ㉠~㉤은 모두 경상소득이다.
③ ㉠~㉤의 소득의 크기는 알 수 없다.
④ ㉡, ㉢은 불로소득이다.
⑤ ㉢은 근로소득이다.

45. 정부의 재정지출확대정책으로 인하여 구축효과가 크게 나타나지 않는 경우는?

① 고전학파의 화폐수량설에 의거하는 경우
② 민간투자의 이자율 탄력도가 매우 크게 나타나는 경우
③ 통화주의자의 신화폐수량설이 성립되는 경우
④ 투기적 화폐수요의 이자율 탄력도가 매우 큰 경우
⑤ 소비함수가 이자율에 대하여 매우 탄력적인 경우

46. 다음 글에서 밑줄 친 ㉠을 위한 방안으로 가장 적절한 것은?

> 남북 간의 경제 협력은 남북 양측에 실질적인 이익을 제공하여 통일 분위기를 조성해 나가고, 통일 비용을 최소화하는 데, 도움이 된다. 따라서 ㉠경제 협력을 확대하고 이를 기초로 통일 국가로 나가야 한다.

① 경제적 통합에 우선하여 군사적·정치적 통합을 이룬다.
② 남북한 경제협력을 활성화하여 경제의 구조적 통합을 이룩한다.
③ 민간차원에서의 교류는 가급적 억제한다.
④ 북한의 수용 여건과 관계없이 경제 협력을 추진한다.
⑤ 사회간접자본 분야의 협력은 추후에 실시한다.

47. 다음 글에 나타난 2011년 말 갑의 자산, 부채, 순자산과 관련된 설명으로 옳은 것은?
(단, 순자산＝자산－부채)

> 2011년 말 갑은 200만 원의 가치를 가진 컴퓨터, 100만 원의 신용 카드 미결제 잔액, 100만 원의 현금, 300만 원의 은행 예금, 500만 원의 은행 대출금, 500만 원 어치의 주식을 가지고 있다.
>
> *자산 가치 변동과 보유 및 거

① 자산은 1,000만 원이다.
② 순자산은 600만 원이다.
③ 지출이 수입보다 큰 경우 순자산은 증가한다.
④ 주식을 처분하여 은행에 예금하는 경우 순자산은 변화가 없다.
⑤ 현금으로 신용 카드 미결제 잔액을 갚을 경우 자산은 변화가 없다.

48. 우리나라 노인장기요양보험법령에 대한 내용으로 옳은 것은?

① 장기요양급여는 의료서비스와 연계하여 제공하기가 용이한 시설급여를 재가급여보다 우선적으로 제공하여야 한다.
② 장기요양등급은 장기요양등급판정위원회에서 판정하고, 세밀한 판정을 위해 7개 등급의 체계로 운용한다.
③ 「노인장기요양보험법」은 고령이나 노인성 질병 등의 사유로 일상생활을 혼자서 수행하기 어려운 노인등에게 제공하는 신체활동 또는 가사활동 지원 등의 장기요양급여에 관한 사항을 규정하고 있다.
④ 노인장기요양보험의 관리운영기관은 노후생활과 밀접히 연관이 되어 있는 국민연금공단이다.
⑤ 장기요양보험료는 건강보험료와 분리하여 징수한다.

49. 각종 연금에 대한 설명으로 옳지 않은 것은?

① 농지연금은 신청일 기준으로부터 과거 5년 이상 영농경력 조건을 갖추어야 한다.
② 주택연금은 부부 중 한 명이 만 60세 이상으로 1가구 1주택 소유자면 신청가능하다.
③ 기초연금은 만 65세 이상 전체 어르신 중 가구의 소득인정액이 선정기준액 이하인 분들게 지급한다.
④ 유족연금은 가입기간에 따라 일정률(40~60%)의 기본연금액에 부양가족연금액을 합산하여 지급한다.
⑤ 국민연금 가입자 중 만 60세 이상으로 국민연금보험료 납입개월 수가 120개월 미만인 자가 임의계속가입을 희망하지 않을 경우 반환일시금을 지급한다.

50. 다음 중 공공부조와 관계있는 것을 모두 고르면?

> ㉠ 최저생계비
> ㉡ 최저임금제
> ㉢ 국민기초생활보장제도
> ㉣ 고용보험

① ㉠㉡
② ㉠㉢
③ ㉡㉢
④ ㉡㉣
⑤ ㉢㉣